Le don de l'invisible

Marc Anstett

Le don de l'invisible

théâtre & arts plastiques

BOD

© 2013, Marc Anstett
Editions Books on Demand GmbH
12/14 rond-point des Champs Élysées,
75008 Paris, France

LE DON DE L'INVISIBLE
a été créé le 5 juin 2000 à La Filature
scène nationale de Mulhouse

Coproduction
LA CIE DES AUTRES
théâtre-danse-musique-arts plastiques
La Ville de Mulhouse, La Filature
Le Conseil Régional d'Alsace
Le Conseil Général du Haut-Rhin

Direction artistique, écriture
Marc Anstett

*Scénographie, chorégraphie,
Montage musical, conception picturale*
Ivan Favier

Création lumière
Philippe Duvauchel

distribution
Helena : Beatriz Beaucaire
Michael : Marc Anstett
Le peintre-danseur : Ivan Favier

Cette création est le volet 2 du projet
THÉÂTRE & ARTS PLASTIQUES
« Regards croisés sur le monde contemporain »

Le don de l'invisible

Avant-propos

Sur la scène, une grande bâche rectangulaire de 8m sur 5m, posée au sol.
Deux chaises. Des sacs de matière colorée, de part et d'autre de l'espace, des outils divers (balais, brosses, pelles, chiffons, mini-ventilateur, bougies, lampes de poche…)

Un homme s'apprête à « peindre » une peinture à échelle humaine qui recouvrira la bâche. La couleur va naître sous nos yeux, se perdre dans un souffle, renaître inlassablement. Cette grande fresque sera réalisée à partir de sciure pigmentée. Vu de la salle, cela ressemble à du sable.

Tout comme le peintre-danseur et ses félines interventions, les personnages eux-mêmes deviendront matière. Ils agiront sur la toile, elle agira sur eux, et la fresque prendra forme au fur et à mesure. Si le dialogue est « chorégraphié », il permettra les mouvements précis qui créeront les traces et les empreintes nécessaires à la réalisation de l'œuvre, en interaction avec le travail du peintre. Il ne s'agit pas à proprement parler de danse, telle qu'on pourrait l'imaginer, mais le jeu des comédiens dans cet espace abstrait et vivant obéit néanmoins à des règles exigeantes. Il demande à de nombreux moments une expression du corps plus proche de la danse contemporaine que du théâtre réaliste. Même si l'interprétation doit rester naturelle et sans emphase, proche d'un jeu cinéma, cela demande de la part des comédiens une performance et un engagement particuliers. Dans certains passages, le verbe cèdera franchement la place au mouvement, quand ce ne sont pas les deux qui s'exprimeront de concert.

Les interventions du peintre sont elles aussi dans le même registre, la parole en moins. Car malgré sa participation active (parallèle), il n'est pas un « personnage » de l'histoire. Il est plus un « manipulateur » (celui qui peint l'histoire). Néanmoins, à de nombreux moments, il symbolise par son action la présence et le parcours du vieux peintre évoqué fréquemment dans le dialogue (Galiéric), qui lui, par contre, restera toujours dans l'ombre.

Ainsi, la toile se crée sur la base du texte et de ses nombreux prolongements. Cette mécanique subtile vise à faire émerger un grand visuel qui a été prédéfini. Les mouvements des comédiens, les traces volontaires de leurs pieds nus, celles de leurs corps au sol, les trainées laissées par le déplacement des chaises, ainsi que les interventions parallèles du peintre à l'aide de ses pigments, de ses balayages, gommages, ses « façonnages », ses poudroiements, participent de concert à la réalisation de cette grande fresque, par strates successives, superposées et complémentaires. Par moment, le peintre intervient seul, dans son coin, à d'autres il agit en parallèle, concrétise le parcours ou les traces de Michael ou d'Helena en y mettant de la couleur après coup, etc. Toute la mécanique interactive reste à inventer par le metteur en scène... aussi je n'ai pas cru bon d'en restituer les indications.

Le don de l'invisible

À la fin de la représentation, la toile est achevée, et par leurs postures finales et figées, Helena et Michael en font partie intégralement. Pas de happening : l'œuvre a été réalisée de manière rigoureuse, selon un déroulement minutieux qui peut se refaire à chaque représentation. Le peintre signe alors son œuvre, tandis que la lumière s'estompe lentement après un temps de contemplation en musique.

Les costumes sont neutres, souples, et les acteurs jouent pieds nus, de sorte que toute allusion à des détails vestimentaires dans le dialogue reste au niveau de l'imaginaire (manteau, chaussures, etc.). De la même façon, c'est le peintre qui met en place les différents accessoires nécessaires au jeu (tee-shirt, verres, bouteille...) et non les acteurs.

Lors de la création, après chaque représentation, le public était invité sur scène autour de l'œuvre, façon vernissage. Et lorsque les derniers spectateurs quittaient les lieux, la fresque était balayée et remise dans des sacs ! Jusqu'à sa renaissance le lendemain soir... L'idée étant de créer réellement un univers abstrait, à la lisière du théâtre, de la peinture, de la danse.

Je pense que l'histoire de l'art est – entre autres – une histoire de guerre visuelle et qu'une partie de l'énergie créatrice provient de cette guerre.

Jules Olitsky

Première journée

Le peintre-danseur, torse nu, pieds nus, vide des sacs de matière pigmentée à plusieurs endroits sur la bâche, leur donnant différentes formes, différentes hauteurs. Sous une lumière crue, il prend soin de balayer tout autour des éléments afin que le reste de la bâche reste propre, intacte. Ses mouvements sont précis. Lorsque ce premier travail est terminé, il vient s'accroupir à l'extérieur de l'espace et observe. La lumière change...

Musique de clarinette solo, lancinante, avec des pics suraigus. Tout est en clair-obscur. Helena marche sur la bordure de la toile et en fait tout le tour, pieds nus. Après un temps de cette marche lente et appliquée, la musique s'arrête, Helena aussi. On découvre alors Michael qui est assis à l'opposé, pieds nus lui aussi.
Helena est debout face à lui de l'autre côté de cette grande toile qui recouvre le sol.

MICHAEL. *(levant la tête, inquiet)* Qui va là ?

HELENA. *(debout, dans la pénombre, anxieuse)* Michael... Michael, c'est toi ? S'il te plaît... laisse-moi entrer. Tu ne vas pas me laisser dehors...

MICHAEL. Helena…

Helena sort de la pénombre et s'avance un peu

HELENA. Est-ce que je peux entrer maintenant ?

MICHAEL. Tu es trempée…

HELENA. Tu n'as pas entendu la pluie ?

Il la dévisage.

MICHAEL. La pluie ? Non, je n'avais pas fait attention. *(un silence)* Comment nous as-tu retrouvés ?

HELENA. Frantizek m'a tout raconté.

MICHAEL. Frantizek ? *(il la dévisage à nouveau)* Tes chaussures sont pleines de boue.

HELENA. J'ai marché un bon moment sous l'averse, un peu au hasard. La route n'est plus praticable.

MICHAEL. Ici aussi, la guerre a fait des ravages. *(un silence)* Tu es venue seule ?

HELENA. On n'y voit rien dehors. J'ai bien cru que je m'étais perdue. Vous n'aviez aucun éclairage à l'intérieur, mais j'ai entendu la musique...

MICHAEL. Je vais mettre un peu plus de lumière. Enlève tes chaussures et donne-moi ton imperméable. Il n'y a plus d'autre possibilité ici.

Le peintre-danseur allume des bougies ou des lampes de poche posées au sol, tandis que Michael traverse l'espace pour placer une deuxième chaise, en vis-à-vis de la sienne, à l'autre bout de la bâche.

HELENA. J'ai eu très peur tout à l'heure.

MICHAEL. Peur ?

HELENA. C'est un endroit complètement isolé.

MICHAEL. Ici, on est sûr de ne pas être dérangé.

Il se rassoit. Un temps. Helena s'avance vers lui, au centre de l'espace

HELENA. Tu n'es pas heureux de me revoir ?

Le don de l'invisible

MICHAEL. Je ne m'y attendais pas. Personne ne vient jamais dans le coin.

HELENA. Vous n'avez donné aucun signe de vie. Je vous ai cru morts.

MICHAEL. Les peintres arrivent à survivre. Même en temps de guerre.

HELENA. La paix est revenue depuis plus d'un an...

MICHAEL. J'ai entendu dire ça.

HELENA. Et alors ?

MICHAEL. Et alors rien.

HELENA. Vous ne comptez pas rentrer ?

MICHAEL. Pour l'instant, on se débrouille très bien. Il m'arrive de descendre au village un peu plus bas, pour chercher certaines choses dont nous avons besoin. C'est encore assez limité. Mais on se contente de peu tous les deux. Les habitants nous aident volontiers, en échange de quelques services.

HELENA. La guerre est terminée. Vous devez retourner en ville maintenant.

MICHAEL. Pour quoi faire ?

HELENA. La Faculté, tes étudiants, toute ta vie là-bas... Il faut essayer de reconstruire tout ça. C'est difficile pour tout le monde.

MICHAEL. L'académie n'a jamais rien compris à mon discours. Je ne leur suis plus d'aucune utilité.

Elle marche dans l'espace, préoccupée...

HELENA. Vous vivez comme des moines ici, en dehors de toute réalité...

Michael est immobile et observe la bâche

MICHAEL. Quelle autre réalité viens-tu me proposer ? Un pays détruit ? Un poste de professeur de faculté à la botte de vieux réactionnaires qui ne jurent que par l'ancien système ?

HELENA. Les choses évoluent. On a besoin de toi là-bas.

MICHAEL. Je n'ai pas envie de retourner là-bas. Je n'ai pas envie de remuer les vieux souvenirs...

HELENA. Il ne faut pas tout abandonner.

MICHAEL. On a encore des choses à faire ici.

Helena s'approche d'une sorte de pyramide rouge-écarlate qui trône au milieu des différentes esquisses qui couvrent le sol par endroits.

MICHAEL. *(autoritaire)* Fais attention ! Ne touche pas à ça ! Ce sont les seules choses valables qui nous restent. Je vais essayer de trouver quelque chose pour te sécher. Je reviens.

Il se lève, mais reste immobile, dans son dos. Helena ne résiste pas à l'envie de plonger ses pieds dans cette sorte de poudre en équilibre. Le peintre-danseur pose un tee-shirt sur l'épaule de Michael, qui n'a pas bougé d'un pouce.

MICHAEL. *(immobile, le tee-shirt posé sur l'épaule)* Toujours aussi curieuse...

HELENA. *(retirant ses pieds)* Je ne voulais pas être indiscrète.

MICHAEL. *(montrant le tee-shirt)* Tiens, c'est tout ce que j'ai trouvé. Ça fera

Le don de l'invisible

l'affaire. Qu'espérais-tu dénicher là-dessous ?

HELENA. Rien, rien...

MICHAEL. Tu débarques, après... deux ans, en pleine nuit... et tu fouilles dans nos affaires ?

HELENA. Je ne fouille pas ! J'ai fait ça machinalement.

MICHAEL. Ne raconte pas d'histoires. Nous sommes pareils toi et moi. Nous avons toujours cherché ce qui se cache derrière les apparences.

Un silence

HELENA. J'ai souvent pensé à toi. Je voulais savoir.

MICHAEL. Qu'est-ce que tu voulais savoir ?

HELENA. Pourquoi vous ne reveniez pas.

MICHAEL. C'est pour ça que tu débarques en pleine nuit ?

HELENA. Ça n'a vraiment pas été facile

pour arriver jusqu'ici. La voiture est tombée en rade. J'ai dû finir à pied sous la pluie.

MICHAEL. C'est bien pour ça que nous avons choisi de rester. Ici, plus personne ne vient mettre le nez dans nos affaires.

HELENA. Et Galiéric ?

MICHAEL. Il est d'accord avec moi.

HELENA. Où est-il ?

MICHAEL. Il se repose...

Un temps. Elle observe, mal à l'aise

HELENA. Qui habitait ici avant ?

MICHAEL. Je ne sais pas. C'était vide lorsqu'on s'est installés.

HELENA. Personne n'est jamais revenu ?

MICHAEL. Non. Sans doute morts. On a eu de la chance...

HELENA. *(estomaquée)* Comment ?

MICHAEL. Je suppose que personne ne

viendra plus nous déloger maintenant. Lorsque nous sommes arrivés, tout était encore en place. Les occupants ont dû partir précipitamment, ils avaient laissé tout un tas de boites de conserve. Il y avait même du vin français.

HELENA. Je croyais que vous vouliez sortir du pays...

MICHAEL. Les choses se sont passées autrement.

HELENA. Ils ont rouvert la Faculté. Ça n'a aucun sens de continuer à te terrer ici, avec le vieux Galiéric.

MICHAEL. Ça ne l'a pas empêché de peindre, comme tu peux le constater. Nous n'avons absolument pas l'intention de retourner en ville. Du moins tant que ce vieux filou n'aura pas terminé ce qu'il a commencé.

Elle regarde les taches de couleurs, au sol

HELENA. C'est lui qui a fait tout ça ?

MICHAEL. Qui veux-tu que ce soit ! Moi je n'ai jamais su peindre.

HELENA. Ne dis pas ça. Tu te débrouillais bien.

MICHAEL. Je n'avais pas la formation pour.

HELENA. Moi j'aimais bien ce que tu faisais.

MICHAEL. C'est parce que tu étais amoureuse de moi, à l'époque.

Un silence. Elle regarde autour d'elle, perplexe.

HELENA. C'est bizarre...

MICHAEL. *(agacé)* Quoi donc ?

HELENA. Ça ne lui ressemble pas.

MICHAEL. À quoi t'attendais-tu ?

HELENA. Lorsque tu étais son assistant, Galiéric ne peignait que des paysages.

MICHAEL. Tu fais référence à sa période bleue ?

HELENA. Oui. Toute cette série de ciels,

incroyablement pacifiques. Il y avait une trentaine de toiles au total...

MICHAEL. C'était avant que cette saleté de guerre ne détruise tout sur son passage. On les a toutes emmenées ici, lorsque nous avons fui la ville.

HELENA. Je sais. Frantizek m'a raconté votre périple.

MICHAEL. Alors tu as réussi à lui faire cracher le morceau...

HELENA. Je ne vois pas où est le problème. Ça fait un an que la paix est revenue !

MICHAEL. *(haussant le ton)* La paix ? Avec qui ? Et pour combien de temps ? Personne ne devait savoir que nous sommes ici ! Bientôt, c'est toute la Fac qui va débarquer !

HELENA. *(défiante)* Où sont-elles ?

MICHAEL. Quoi donc ?

HELENA. Les toiles ! De sa période bleue.

MICHAEL. Alors c'est pour ça que tu es

venue ? Tu arrives trop tard. Galiéric les a toutes brûlées.

HELENA. *(effarée)* Quoi ?

MICHAEL. C'était la guerre.

HELENA. Mais c'est de la folie !

MICHAEL. Peu importe maintenant. Elles sont toutes parties en fumée. Rien n'est éternel. Même les plus beaux rêves finissent toujours par partir en fumée... Non ?

HELENA. Je croyais que tu avais une certaine admiration pour sa peinture et que c'était pour ça que tu l'avais aidé à fuir...

MICHAEL. Je n'ai jamais été en admiration devant sa peinture. Même si techniquement elle était parfaitement maîtrisée. Je me suis toujours demandé comment Galiéric pouvait persister à peindre avec autant de conviction des toiles aussi décalées par rapport au monde contemporain. Et les peindre aussi magnifiquement.

HELENA. C'est pour ça que tu l'as laissé détruire ses œuvres ? Parce qu'elles te paraissaient désuètes ?

MICHAEL. C'était la moindre des atrocités en temps de guerre. Nous avons fait un beau feu de joie. J'ai même eu l'honneur de brûler mes toiles avec les siennes. Évidemment, les miennes ont juste servi de petit bois. Même lorsqu'on brûle des toiles aussi médiocres, il y a une hiérarchie des valeurs qui subsiste.

HELENA. Ce que tu dis est complètement absurde !

MICHAEL. C'est la guerre qui était absurde. Par contre, brûler des toiles, ça n'a jamais tué personne.

HELENA. On ne brûle pas des œuvres d'art !

MICHAEL. Elles n'avaient pas supporté le voyage. Les œuvres d'art ne sont pas faites pour être transbahutées dans le froid et la neige, à travers bois. Ça nous a fait un peu de chauffage, un soir d'hiver.

HELENA. Il n'avait pas le droit de faire ça.

MICHAEL. C'était *ses* toiles. Il avait au moins cette liberté, à défaut d'autre chose.

HELENA. Il devait être vraiment désespéré pour en arriver là.

MICHAEL. Galiéric ne croyait plus au monde dans lequel il vivait. Il était horrifié par ce chaos politique, cette débâcle intellectuelle, toute cette barbarie. Il a très vite senti qu'il n'y avait plus de place pour ce genre de poésie naïve et contemplative. Alors une nuit, il s'est levé d'un bond, et en quelques heures, il a tout envoyé au diable. C'est arrivé à peine quelques jours après notre arrivée ici.

HELENA. Tu n'aurais jamais dû le laisser faire ! Cette peinture, c'était toute sa vie.

MICHAEL. Il voulait passer à autre chose. Tu connais mon point de vue... Je ne pouvais que l'encourager dans cette voie.

Un temps

HELENA. Galiéric est âgé. Il ne doit plus rester ici.

MICHAEL. Le vieux est différent. Profondément différent. Le monde extérieur ne l'intéresse plus depuis la fin de la guerre.

HELENA. Le pays est en pleine transformation. Pour lui aussi, les choses finiront par s'arranger avec le temps. Il a encore quelques amis là-bas.

MICHAEL. Personne ne l'a aidé lorsqu'il a été renvoyé de l'école. À part moi.

HELENA. Je ne vois pas ce que nous aurions pu faire, vous avez disparu du jour au lendemain, sans laisser de traces.

MICHAEL. Les milices étaient partout. Je l'ai caché dans ma cave.

HELENA. Dans ta cave ?

MICHAEL. C'est le seul endroit où il se sentait encore créatif.

HELENA. Dans une cave ?

MICHAEL. Oui, dans une toute petite cave de rien du tout. En quelques semaines, c'est devenu un véritable atelier clandestin.

HELENA. Alors c'est à ce moment-là… qu'il a commencé à peindre de manière différente…

MICHAEL. Oui. Peut-être aussi à cause du manque de lumière. Durant ces deux mois où nous avons vécu sous terre comme des taupes, j'ai commencé à réaliser ce dont il était vraiment capable. Il avait beau s'acharner à peindre ses ciels, il ne maîtrisait plus rien. Sa technique engendrait une couleur et une facture de plus en plus violentes. Un goût de plus en plus pessimiste pour le déchaînement des éléments. Les paysages perdaient de l'importance. C'est comme si un souffle ardent avait embrasé ses toiles. La matière était emportée dans un tourbillon. Mais elle dégageait une puissance émotive et une abstraction inimaginable. Enfin, de la part d'un peintre comme lui... Tout se transformait en vapeur et en eau. Ça me faisait penser aux toiles de William Turner, tu sais comme *« Vapeur dans une tempête de neige »*. Et ce n'était que le début de son évolution...

HELENA. Galiéric s'est laissé emporter par sa hargne.

MICHAEL. Au bout de quelques semaines, il n'y avait déjà plus aucun signe d'humanité sur ses toiles. Seulement des reflets de ciels déchaînés, chargés de la mystérieuse énergie de sa force créatrice.

HELENA. Il avait sans doute déjà pressenti que la guerre allait tout détruire sur son passage...

MICHAEL. Tu sais, il avait beau essayer de lutter contre le monde qui s'écroulait autour de lui, sa peinture l'emportait sur sa volonté. Il n'avait plus qu'une idée en tête : fuir. Fuir toute cette barbarie, le plus loin possible, afin de tenter de retrouver son œuvre, envers et contre tout. C'est une autre forme d'héroïsme, Helena.

Un silence

HELENA. Et lorsque Frantizek vous a aidé à quitter la ville ?

MICHAEL. Il devait nous conduire jusqu'à la frontière, alors nous avons embarqué toutes les toiles de Galiéric, et quelques-unes des miennes — des croûtes que le vieux trouvait prometteuses — le matériel... le tout enveloppé dans des draps, des couvertures, enfin, tout ce que nous avions sous la main. Tout a été fourré dans la voiture, en vrac, et nous avons déguerpi en nous faufilant entre les tirs de mortiers et les balles qui sifflaient autour de nous. Mais faute d'essence, nous avons dû finir à pied à travers bois, et nous sommes venus nous cacher dans cette grande maison, perdue à l'orée de la forêt... à défaut de pouvoir sortir du pays avec notre guide... Parce que Frantizek n'a pas pu rester, lui... Il a préféré nous abandonner ici pour redescendre en ville... Et tu vois, nous n'avons pas bougé depuis.

HELENA. *(furieuse)* Frantizek ne vous a pas abandonné ! Il est retourné en ville pour rejoindre le mouvement ! On avait besoin de lui là-bas ! Ça a été un vrai carnage. Jánosh est mort. Lidia aussi. Les autres sont partis avec les convois, vers le sud. Je n'ai plus de nouvelles de personne...

MICHAEL. Et Frantizek ?

Elle détourne le visage, gênée

HELENA. Non. Il s'en est sorti. Je n'aurais jamais pu retrouver votre trace sans lui.

MICHAEL. Alors tu le vois toujours...

HELENA. Autant que tu le saches tout de suite : nous vivons ensemble depuis la fin de la guerre.

MICHAEL. Ensemble ?

HELENA. Il aurait bien fallu que je te le dise à un moment ou à un autre.

MICHAEL. Tu n'aurais pas eu besoin de venir jusqu'ici pour m'annoncer « ça ».

HELENA. Ce n'est pas pour *ça* que je suis venue.

MICHAEL. Au moins, avec Frantizek tu as trouvé quelqu'un de plus combatif.

HELENA. Ça n'a rien à voir !

MICHAEL. Pourquoi n'est-il pas venu avec toi ? Ça aurait été plus lyrique, non ?

HELENA. Ça n'a pas été facile pour lui faire avouer les choses, si ça peut te rassurer... Il culpabilise tout le temps de vous avoir laissés là. Il ne sait pas que je suis ici.

MICHAEL. Alors tu fais l'école buissonnière pour venir me voir ? Ce n'est pas ton genre, ça.

HELENA. Arrête Michael...

MICHAEL. Je comprends mieux maintenant pourquoi il a tant insisté pour retourner en ville...

HELENA. Frantizek était un ami à l'époque. Rien de plus. Mais au moins c'était quelqu'un sur qui je pouvais compter. Ça ne courait pas les rues en ce temps-là.

MICHAEL. Tu n'as jamais accepté ma fuite...

HELENA. Tout s'écroulait autour de nous, mais il n'y avait que la peinture qui comptait pour toi.

MICHAEL. Eh bien comme ça tu n'as pas eu à choisir. Chacun a trouvé sa voie. Toi, tu vis enfin avec un homme à ta mesure. Moi, je vis ici, avec ce vieux peintre, isolé de tout peut-être, mais sans scrupules.

HELENA. Ne me dis pas que c'est à cause de Galiéric et de sa peinture que tu t'obstines à rester dans cet endroit perdu...

MICHAEL. Je ne peux pas l'abandonner maintenant. Pendant la guerre, il a traversé un épisode personnel très complexe. Une période très intense.

HELENA. C'est ce que nous avons tous vécu.

MICHAEL. Toi et Frantizek, vous étiez des guerriers. Mais ce n'est pas le lot de tout le monde de porter les armes. Nous avons dû mener un tout autre combat en restant ici. Tous les travaux que tu peux voir autour de toi font partie de cette dernière période. La période « noire », comme il l'appelle encore aujourd'hui.

HELENA. Pourquoi « noire » ? Il y a plein de couleurs.

MICHAEL. Pour Galiéric la couleur a toujours eu de l'importance. Mais là, elle prend une tout autre dimension. *(elle regarde les couleurs au sol)* Tu vois, là... ce sont les derniers essais qu'il a réalisés ici, en pleine guerre, juste après son... son *accident. (Helena sursaute)* Mais il s'en est sorti.

HELENA. *(très inquiète)* Quel accident ?

MICHAEL. Quelques jours après que Frantizek nous ait quittés... Un mortier a traversé sa chambre. Juste là, dans l'aile droite. Comme d'habitude, on n'a jamais su qui l'avait tiré celui-là, ni d'où il venait. C'est à cette époque qu'ils ont pilonné la route.

Helena est furieuse

HELENA. Tu vois ! Finalement, vous n'étiez peut-être pas plus à l'abri ici qu'ailleurs !

MICHAEL. La déflagration a été très violente. Ça l'a rendu aveugle pendant presque un an.

Elle en reste abasourdie

HELENA. Qu'est-ce que tu dis ?

MICHAEL. Aveugle. L'obscurité totale. Enfin, à peu de chose près.

HELENA. Mais c'est atroce...

MICHAEL. Ça dépend. Lui, il a su s'accrocher. Tu pourrais au moins apprécier le résultat.

HELENA. Tu ne vas pas me dire... qu'il a fait tous ces trucs sans les voir ?

MICHAEL. Pratiquement, oui. Il ne voyait pas grand-chose.

HELENA. Tu plaisantes...

MICHAEL. Lorsqu'on perd l'essentiel, il faut s'organiser pour que tout se passe le mieux possible. Alors il s'est organisé. C'est même devenu une expérience très enrichissante. Une sorte de voyage intérieur, qui aura duré presque un an. Heureusement, j'étais là pour le soutenir.

HELENA. Mais... on ne peut pas peindre sans voir...

MICHAEL. Il n'est pas devenu aveugle du jour au lendemain. Il a eu le temps de *s'habituer*. Après l'explosion, il croyait voir les choses, mais en fait il ne les voyait plus vraiment. Alors il imaginait des choses fausses. Il peignait dans une espèce de brouillard. Et chaque jour, ce brouillard s'épaississait et s'assombrissait davantage. Mais lui, il ne s'en rendait pas compte. Jusqu'au jour où il s'est aperçu qu'il ne voyait pratiquement plus rien du tout. C'est là qu'il a basculé dans un autre univers...

HELENA. C'est incroyable qu'il se soit acharné à peindre...

MICHAEL. Il a fait comme tout le monde. Il s'est battu avec ce qu'il avait. Au début, il mettait de la rigueur dans chacun de ses gestes. Et il tentait de tout mémoriser au fur et à mesure. Avec une précision assez déconcertante... À ma connaissance, peu de peintres dans ce pays seraient capables d'obtenir de telles nuances, une telle lumière. Même en voyant.

HELENA. Tu exagères.

MICHAEL. Très franchement, qu'est-ce que tu en penses ? Ça relève d'une réelle prouesse artistique, pour un artiste de cette catégorie...

HELENA. Je ne sais pas. On dirait des tâches. Des empreintes. Et des gribouillis...

MICHAEL. Ce n'est pas tout à fait la réaction qu'il a eue lorsqu'il a vu tout ça pour la première fois. Lorsqu'il l'a vu avec ses yeux, juste après sa guérison.

HELENA. Comment a-t-il réagi ?

MICHAEL. Pour lui, ce sont des petits chefs-d'œuvre.

HELENA. Ah bon...

MICHAEL. Regarde vers le centre, là : ça lui a pris des semaines pour composer tous ces minuscules détails. Il fallait faire preuve d'une réelle force intérieure pour s'accrocher de la sorte.

HELENA. J'imagine. Mais pour moi... ça ressemble plus à un casse-tête visuel dépourvu de sens.

MICHAEL. Galiéric a toujours pensé que pour peindre, il fallait d'abord être ébloui par la nature, parce que la nature c'est l'éducation du visuel. Et d'après lui, c'est d'abord — et avant toute autre chose — pour cette raison-là que la peinture reste inaccessible aux aveugles : il faut d'abord une éducation visuelle. Comme il faudrait une éducation musicale. Après, tout devient possible.

HELENA. Un aveugle, même s'il avait une éducation visuelle, ne pourrait quand même pas voir, et encore moins peindre.

MICHAEL. Parce qu'il n'en éprouverait pas la nécessité absolue, c'est tout.

HELENA. Évidemment. Comment peut-on

peindre sans le plaisir visuel !

MICHAEL. Il y a d'autres plaisirs et d'autres nécessités dans la peinture. De la même manière, il y a aussi des tas de gens qui voient, qui ont la possibilité d'admirer des chefs-d'œuvre, et pourtant ils restent aveugles.

HELENA. Tu dis ça pour moi ?

MICHAEL. Eh bien... Dis-moi donc quelle est ta notion de l'esthétique, par exemple...

HELENA. Je ne me suis jamais vraiment posé ce genre de question.

MICHAEL. Tu dois bien avoir des préférences quand même...

HELENA. *(avec nostalgie)* Moi j'aimais ses ciels. Malgré leur côté nerveux, ils aspiraient au calme et à la limpidité. Pour moi, c'était une peinture pleine d'espoir. Je ne connais rien d'autre de lui.

MICHAEL. Les ciels de Galiéric n'étaient pas le fruit d'une recherche artistique très approfondie. Tu sais très bien ce que j'ai toujours pensé de ce type de peinture postimpressionniste. Ça ne m'a jamais impressionné, moi.

HELENA. Ne joue pas sur les mots s'il te plaît ! Décidément, cette guerre ne t'a rien appris de plus.

MICHAEL. Si. Elle m'a offert les moments les plus magnifiques de mon existence.

HELENA. Comment peux-tu dire une chose pareille ! C'est insane !

MICHAEL. C'est pourtant la vérité. Parce que pendant toute cette période, Galiéric ne m'a pas amené à me poser des questions uniquement d'ordre esthétique, lui...

Elle regarde les esquisses au sol

HELENA. C'est incroyable d'en arriver là.

MICHAEL. Ne sois pas aussi négative.

HELENA. *(provocante)* C'est toi qui l'as poussé à faire ça !

MICHAEL. Il n'aurait jamais supporté que je m'en mêle. Il se débrouillait très bien tout seul.

HELENA. Et comment faisait-il pour se repérer ?

MICHAEL. Eh bien... Comme il devait lutter contre son incapacité à maîtriser une technique traditionnelle, ça le mettait dans une rage folle. Alors petit à petit, c'est devenu une sorte de rituel corporel et digital... Il a d'ailleurs très vite abandonné les pinceaux, et même le chevalet...

HELENA. Tu veux dire qu'il peignait avec ses mains ?

MICHAEL. Ses mains... ses pieds... Il m'avait demandé de préparer ses mixtures dans des récipients de différentes tailles, pour mieux les reconnaître. Il avait mémorisé chaque couleur. Tu aurais dû voir ça... Il les étalait devant lui, après quoi il les malaxait en dosant au toucher...

HELENA. Au toucher ?

MICHAEL. Il se servait même de son odorat.

HELENA. Tu veux dire qu'il... *reniflait* ses compositions ?

MICHAEL. Comme un parfumeur. C'est à croire que pour lui, les couleurs avaient fini par avoir une odeur. Cela avait quelque chose de divin et de diabolique à la fois. Enfin... pour ce que j'ai pu en voir.

HELENA. Comment ça *ce que tu as pu en voir* ?

MICHAEL. Au bout de quelques semaines, il a complètement changé sa façon de faire. Il a poussé le jeu au paroxysme en éteignant toutes les bougies. Il peignait la nuit, dans le plus grand secret. Je devenais donc aveugle, moi aussi.

HELENA. Mais quel sens cela avait-il pour lui ?

MICHAEL. Je crois qu'il avait pris conscience — à moins que ce ne soit une révélation — qu'il devait extérioriser sa lutte : peindre la difficulté même de peindre, en toute liberté, mais sans aucun témoin. C'est à partir de là qu'il s'est mis à procéder par écoulements et par éclaboussures, à même la toile posée sur le sol.

HELENA. *(perdue),* Mais... pour faire quoi ?

MICHAEL. Avec son handicap, il était plus à l'aise par terre. Il se sentait aussi plus proche de sa peinture, plus concerné par elle. Il pouvait marcher autour, l'approcher par n'importe lequel de ses quatre côtés, être littéralement *dans* sa peinture. Il n'y avait plus de haut ni de bas... Il me disait que ce qu'il y avait de vraiment nouveau lorsqu'il était *dans* sa peinture, c'est qu'il ne savait pas ce qu'il faisait ! C'est seulement après avoir fait connaissance avec elle qu'il a vu ce qu'il peignait. Ça n'avait plus rien à voir avec le figuratif. Les traces laissées sur la toile étaient enfin libérées. Elles n'avaient fait qu'enregistrer les phases de son affrontement avec la substance. Voilà ce qu'on peut lire partout ici. L'ensemble des courbes et des traces occasionnées par cette lutte.

HELENA. Une lutte désespérée qui frôle la folie...

MICHAEL. C'est justement parce qu'il s'est acharné à peindre dans ces conditions extrêmes qu'il n'a pas sombré dans la folie. Il peignait même pendant les bombardements. On les entendait bourdonner juste là, derrière la colline. Un bourdonnement incessant...

HELENA. Mais... et toi ? Que faisais-tu ?

MICHAEL. Rien. Lorsqu'il travaillait, il devenait très exigeant et très autoritaire. Alors je devais impérativement rester assis dans le noir et attendre patiemment qu'il ait fini pour découvrir le résultat. Il peignait des heures et des heures, inlassable, inébranlable.

HELENA. Comment as-tu pu l'encourager à faire ça ? Juste par respect ?

MICHAEL. Ce genre d'acharnement inspire autre chose que du respect. Ça nous renvoie à des émotions infiniment plus complexes, plus profondes. On pénètre au cœur de la chose...

Un temps

MICHAEL. Il reste un peu de thé tiède, tu en veux ? Ou bien préférerais-tu une bouteille de notre cave ? Il y en a encore quelques-unes. Ça te réchauffera. Tu as l'air glacée...

HELENA. *(accablée)* Du vin, oui, je veux bien...

Il s'allonge, tandis que le peintre-danseur pose une bouteille de vin et deux verres à sa portée. Helena, assise par terre, observe le sol. Elle balaye machinalement la matière de son pied.

MICHAEL. Apparemment, tu y trouves quand même de l'intérêt. Ça me rassure à ton sujet...

HELENA. Je n'ai jamais dit que je n'y trouvais pas d'intérêt. C'est quoi, ça ? Tu crois vraiment qu'il voulait exprimer quelque chose ou c'est purement gratuit ?

MICHAEL. Eh bien... disons que c'est à toi de décider. Peu importe. *(il va vers le centre de la toile)* Regarde... tu vois tous ces petits reliefs sans contours précis, ces collages d'apparence gauche et désorganisée... Outre sa démarche combative, ça relève quand même d'une poésie de la légèreté et de la fantaisie, non ? On dirait du Richard Tuttle. Mais l'humour et la fantaisie n'excluent pas la profondeur...

HELENA. Je ne suis pas insensible à sa lutte, loin de là. Beaucoup d'artistes ont préféré fuir le pays pour arriver à survivre. La majorité d'entre eux n'est pas revenue après la guerre.

MICHAEL. Galiéric n'avait plus aucune envie de quitter le pays lorsqu'il s'est rendu compte de ce qui se passait ici. Parce que tout à coup, arrivé à son âge, il a compris que c'était la première fois de sa vie qu'il se mettait à peindre vraiment avec ses tripes. Cette révélation a pris le pas sur tout le reste. Je ne pouvais pas passer la frontière en le laissant seul ici, éprouvé face à ce douloureux constat.

Michael pose les deux verres entre eux et sert le vin. Helena est déroutée.

MICHAEL. Tiens, Château Margaux, 89 ! C'est la part des anges... Alors ? À quoi doit-on boire ? À nos retrouvailles ?

HELENA. Je ne sais pas. Trinquons à la paix revenue...

MICHAEL. Si tu veux.

Ils boivent en échangeant un long regard

HELENA. Alors tu n'as fait que l'observer d'une manière passive, durant toute cette période ?

MICHAEL. Pratiquement. Les derniers

mois du conflit c'est devenu, c'est devenu carrément tribal.

HELENA. J'imagine.

MICHAEL. Tu aurais dû voir ça. Il dansait sur ses toiles comme un vieil Indien. À défaut de le voir peindre, je pouvais deviner sa silhouette frêle qui se trémoussait dans l'ombre...

HELENA. Il devait être dans un état second...

MICHAEL. Pour le vieux, c'était une façon de retrouver les gestes primitifs. Dans les états de rêve ou de rêverie hallucinatoire, c'est l'inconscient qui dicte la marche à suivre. Il suffit d'assister en spectateur à la naissance de l'œuvre.

HELENA. Mais puisqu'il ne voyait pas ce qu'il faisait...

MICHAEL. Eh bien justement. Il ne faisait plus de la peinture pour les yeux. Il remettait celle-ci au service de l'esprit. Il faut être un peintre extrêmement bouleversé pour accéder à ce niveau de création en si peu de temps.

HELENA. Ou un petit enfant en première année de maternelle, lorsque les gestes ne sont pas encore acquis !

MICHAEL. Quand je pense que pendant des années il s'est bêtement contenté de peindre des ciels... Je ne pouvais que le soutenir dans cette nouvelle recherche.

Le ton monte entre eux

HELENA. Ça ne m'étonne pas de toi. Ta conception de la peinture n'a jamais tenu compte du plaisir visuel !

MICHAEL. De quel plaisir visuel parles-tu ? Pour regarder un ciel, je n'ai jamais eu besoin de Galiéric. Il me suffisait de lever les yeux !

HELENA. Ce n'est pas la même chose !

MICHAEL. Pourquoi ?

HELENA. Parce qu'il en donnait une vision toute personnelle !

MICHAEL. Chaque fois que je plante mon nez dans les étoiles, j'ai aussi une vision toute personnelle des choses !

HELENA. Mais ça reste la tienne !

MICHAEL. Évidemment que ça reste la mienne ! Même lorsque je regardais un ciel de Galiéric, ça restait la mienne !

Helena se lève et lui parle avec défiance

HELENA. Alors, il n'y a que ta vision qui compte ?

Michael se lève à son tour, d'un bon.

MICHAEL. Oh, écoute Helena... Les ciels pacifiques de Galiéric n'ont pas empêché la guerre !

HELENA. Peut-être ! Mais ils nous donnaient une vue des choses à atteindre ! Cela avait une valeur symbolique pour moi !

MICHAEL. On a vu des enfants mourir sous un beau ciel bleu, en été... C'est aussi un symbole ! Mais il est nettement moins décoratif. Et ce serait plus difficile de faire carrière avec ce genre de vision...

Un temps

HELENA. Pourquoi la peinture ne devrait-elle pas exprimer autre chose que la souffrance ?

MICHAEL. Les travaux de Galiéric n'expriment pas plus la souffrance maintenant. Ils sont juste issus d'elle. Mais la souffrance y a disparu en tant que telle. C'est aussi ça le sens de sa démarche.

HELENA. Ce n'est pas du tout ce que je ressens.

MICHAEL. C'est parce que tu es déroutée par cette nouvelle approche. C'est pour ça que tu ressens de la souffrance. Mais ça n'a absolument rien à voir avec sa peinture.

HELENA. Non. J'ai l'impression que quelque chose s'est brisé en lui. S'acharner à travailler dans ces conditions, ce n'est pas à la portée de tout le monde.

MICHAEL. Encore moins à des peintres institutionnels de la vieille génération. Même si Galiéric est loin d'être un précurseur dans ce domaine. Et que d'autres ont fait ça bien avant lui, et sans y être contraints.

HELENA. De qui parles-tu ?

MICHAEL. Il y a des tas de peintres qui ont fait des recherches dans ce sens-là. Ils ont su établir un pont entre leur création et l'art primitif, entre autres...

HELENA. Quel art primitif ?

MICHAEL. Dans des temps reculés... On appelait ça « le don de l'invisible ».

HELENA. Le don de l'invisible ?

MICHAEL. Un rituel... qui a été pratiqué par les Celtes. J'ai eu l'occasion d'aborder le sujet pendant mes voyages d'études en histoire de l'art. Cela n'aura pas été sans créer une certaine confusion au sein de l'Académie. Curieusement, le vieux m'avait soutenu dans cet exercice périlleux. Pourtant il n'avait jamais quitté sa province, lui. Sa vision de la peinture restait assez limitée, par la force des choses. C'était peut-être un signe avant-coureur de ses profonds désirs intérieurs.

HELENA. Michael... ces rituels, ce ne sont que des légendes...

MICHAEL. Tu ne sais pas de quoi tu parles ! C'était de véritables rites initiatiques, au cours desquels les artistes mettaient leur talent à l'épreuve pour être reconnus par les dieux. Ça se passait pendant certaines cérémonies, au sixième jour de la lune, parce que les druides considéraient ce jour comme particulièrement sacré et doué d'une force considérable. Pour être élu, il fallait réussir à composer et à ciseler des gravures dans l'obscurité presque complète. Tous les travaux étaient ensuite exposés au cœur des clairières, à la face du soleil, œil de lumière. Ça avait un côté schématique et abstrait. Mais c'était déjà du surréalisme.

HELENA. Et alors ?

MICHAEL. Eh bien, finalement, Galiéric n'a fait que mettre ces rituels ancestraux en pratique. Tu ne trouves pas ça intéressant, pour un peintre de cet acabit ?

HELENA. Cet isolement vous a éprouvé tous les deux. Les essais que Galiéric a réalisés ici ne sont que le fruit d'un pur hasard, aussi génial soit-il. Tu le sais très bien.

MICHAEL. Tu dis ça parce que ça te fait peur. Avoue que ça te fait hérisser le poil. Ce genre de révélation bouleverse ton équilibre de bonne petite terrienne. Toi, ce qu'il te faut c'est du concret, du palpable. Mais les faits sont là. On est réellement au cœur de la chose...

HELENA. La seule chose concrète que je puisse constater, tous les jours, c'est que tout le monde aura fini par perdre des plumes dans cette folie meurtrière...

MICHAEL. Pas Galiéric. Contrairement à toi, il aura su trouver une réponse à ses angoisses... Une sorte de paix intérieure. C'est paradoxal, mais il l'a vécu avec passion.

HELENA. Ce n'est pas la paix qui transpire dans cette peinture. C'est le désespoir !

MICHAEL. La complexité d'une telle démarche n'empêche pas un certain équilibre !

HELENA. Je n'en suis pas si certaine.

MICHAEL. C'est tout un principe de création, Helena. Il faut savoir se placer en explorateur plus qu'en critique !

HELENA. Et toi, dans tout ça, qu'est-ce que tu deviens ? Tu ne vis plus que pour

Le don de l'invisible

le vieux Galiéric et pour sa peinture ?

MICHAEL. Grâce à cette nouvelle donne, lui et moi, nous vibrons enfin sur la même longueur d'onde. Et je ne vois pas ce que nous pourrions trouver de mieux ailleurs, alors que tout s'est écroulé autour de nous.

HELENA. Tu me fais peur Michael. Vous me faites peur tous les deux.

MICHAEL. Au point où nous en sommes, une seule chose est sûre : le vieux ne peindra plus jamais comme avant. Il a définitivement brisé ses chaînes. Et je m'en réjouis.

HELENA. Rien ne pourra plus jamais être comme avant. Pour personne. Mais qu'allez-vous faire maintenant ? Continuer à vivre comme des ermites, perdus en pleine nature ? Je pensais que cette guerre t'aurait appris autre chose.

MICHAEL. Et toi, Helena ? Cette guerre, que t'a-t-elle appris ? La tolérance ?

HELENA. Elle m'a appris le pire. J'ai trop perdu de choses dans ce conflit. Mais je vais continuer à me battre, moi.

Un temps

MICHAEL. Tu sais... le vrai problème, c'est qu'en retrouvant la vue, Galiéric s'est subitement arrêté de peindre. Il ne fait plus rien maintenant. Il s'enferme presque toute la journée et il attend. Voilà la seule réalité qui me touche pour l'instant.

HELENA. Et tu ne fais rien ?

MICHAEL. C'est moi qui m'occupe de tout ici. Lui, il se laisserait presque mourir de faim si je n'étais pas là.

HELENA. On n'a pas le droit de le laisser comme ça !

MICHAEL. Laisse-le donc vivre cette expérience jusqu'au bout. Il a juste besoin de souffler.

Un temps.

HELENA. Et comment faisait-il pour savoir qu'une « toile » était terminée ?

MICHAEL. Il pourrait certainement encore peindre des heures sur celle-ci, maintenant qu'il a retrouvé la vue. Mais au risque de tout gâcher...

HELENA. Pourquoi ? Il devrait être heureux d'avoir retrouvé la vue.

MICHAEL. Cette expérience l'a mis en face d'une vérité implacable.

HELENA. Quelle vérité ?

MICHAEL. Il dit qu'il y a deux peintres en lui maintenant. Celui qui voit, et celui qui ne voit pas. Il dit qu'il ne faut pas mélanger.

HELENA. Et toi, qu'est-ce que tu en penses ?

MICHAEL. Je suis assez d'accord... Mais c'est à lui seul de décider ce qu'il doit faire. Il a encore toute sa tête.

HELENA. Et toi, tu n'as plus les pieds sur terre !

MICHAEL. Au contraire. Je n'ai jamais été aussi lucide.

HELENA. Arrête Michael ! Il n'a rien réglé avec sa peinture ! Toutes ces expériences en huis clos n'ont fait que l'enfoncer chaque jour un peu plus ! Et tu en es en partie responsable.

MICHAEL. J'aurais été très mal placé pour lui donner des leçons, au vu du résultat ! C'était un véritable sacerdoce ! Il prenait tout ce qu'il avait sous la main pour peindre. C'est comme ça qu'il a commencé à utiliser de la sciure.

HELENA. Je croyais que c'était du sable...

MICHAEL. Du sable ? Tu rigoles. C'est de la sciure, Helena ! De la sciure. Il a récupéré ça dans le bois. Un jour, je l'ai retrouvé dehors, à quatre pattes, en train de fourrer des poignées entières dans ses poches. C'était en plein hiver. Il a fallu que je le ramène à l'intérieur en vitesse. Il était transi de froid. C'est là qu'on a brûlé sa dernière toile. « Ça me réchauffe doublement », m'a-t-il dit avec un sourire angélique.

HELENA. De la sciure...

MICHAEL. Il y a eu des peintres qui peignaient avec des œufs, ou du camembert... Eh bien, Galiéric utilisait de la sciure. C'est beau n'est-ce pas ? Réaliser des chefs-d'œuvre avec une pincée de sciure, en dansant dans l'ombre, au milieu des bombardements...

HELENA. Tu n'es plus objectif. Galiéric n'était pas dans son état normal.

MICHAEL. Peut-être est-ce là le propre de tout artiste. Sortir de la normalité ! La normalité imposée par le système a toujours tué la vraie création dans ce pays ! Mais Galiéric a combattu ça avec un certain humour...

HELENA. Cette situation ne me donne pas du tout envie de rire. Au contraire.

Un temps

HELENA. De la sciure... Et les couleurs ? Comment faisait-il pour les couleurs ?

MICHAEL. Des herbes... des fleurs... des baies... même des insectes ! Enfin tous ces trucs que l'on peut trouver dehors. Tu sais, ce n'est pas l'enfer ici. C'est un vrai petit paradis. Et Galiéric est un alchimiste. Surtout au printemps. Tu verras demain, lorsqu'il fera jour...

HELENA. Je ne sais pas...

Un temps

MICHAEL. Tu sais ce qui se passait lorsqu'il avait terminé une toile ? Il me demandait de la regarder très attentivement, en silence, pendant une bonne demi-heure. Et puis il s'asseyait dans ce fauteuil, et tout en sirotant un verre de ce vin français qu'il avait débouché pour l'occasion, il m'invitait à faire ma critique, d'une voix calme et sereine. C'était ça, les moments les plus éprouvants pour moi.

HELENA. J'imagine...

MICHAEL. Non. Tu es loin d'imaginer ce que j'ai pu ressentir.

HELENA. Pourquoi ?

MICHAEL. Parce qu'à chaque fois je me retrouvais face à un petit chef-d'œuvre. Tu peux facilement te représenter le cynisme de ces situations...

HELENA. Je suppose que tu n'aurais jamais osé le contredire, pour ne pas le blesser.

MICHAEL. Je n'ai jamais ressenti le fondement d'une telle attitude ! Tu vois *ça*, c'est un de ces derniers essais dans l'obscurité complète. Il était au bord de l'hallucination. Il a travaillé des heures durant, avec un soin maniaque pour chercher la touche adaptée. Sans parler des journées de marasme qui en découlèrent. Mais en dansant dans l'ombre, il lui a fait voir le jour, Helena ! À travers une délicatesse et un poudroiement quasi névrotique ! Il parlait de *« la route qu'on doit parcourir, droite et solitaire, jusqu'à ce qu'on ait traversé des vallées sombres et désolées pour se dresser sur une plaine haute et sans limites, débouchant à l'air libre »*... C'est extraordinaire, Helena ! Comment peux-tu rester insensible face à une telle transformation ! C'est une véritable leçon qu'il se donnait à lui-même, et qu'il s'est administrée de façon magistrale !

HELENA. Je n'y suis pas insensible. Je trouve ça bouleversant, mais ça me fait peur. Il faut essayer de ramener Galiéric à une autre réalité maintenant. Il faut commencer par le raccompagner en ville, d'urgence. Tu ne crois pas que c'est de ça qu'il aurait besoin ?

MICHAEL. Il ne voudra jamais partir.

HELENA. On pourrait le ramener de force.

MICHAEL. Ne compte pas sur moi pour ça ! Si j'avais estimé devoir le faire, je l'aurais fait depuis longtemps.

HELENA. Tu te sers de lui pour faire tes propres expériences, c'est ça ?

MICHAEL. C'est l'inverse, Helena ! C'est lui qui se sert de moi.

HELENA. Je ne vois pas en quoi.

MICHAEL. Il a vraiment changé. C'est enfin devenu un provocateur, ironique, subtil... et spirituel. Il rejette toute autorité et toute règle à présent. C'est devenu une sorte de vieil anarchiste de la peinture. Ce genre de combat a toujours été le mien, souviens-toi.... À présent plus encore, par la force des choses.

HELENA. Michael... les choses sont différentes aujourd'hui.

MICHAEL. Eh bien justement. Rien ne sera plus jamais comme avant.

HELENA. Oui. Ça, je l'avais déjà compris.

Un temps

MICHAEL. Je n'ai toujours été qu'un témoin passif. Comme peintre, je n'ai jamais réussi à créer quoi que ce soit. Même en pleine lumière. À part quelques petites croûtes sans intérêt, ma peinture n'est toujours restée qu'une pâle imitation de ce que j'ai pu observer autour de moi, à l'instar des ciels de Galiéric.

HELENA. Je peux comprendre que tu sois en admiration devant autant de courage et d'acharnement. C'est peut-être ce qui t'a toujours manqué.

MICHAEL. Je n'ai jamais été un créatif Helena, que ça te plaise ou non. Tu n'as pas l'air de vouloir comprendre ce que représente le travail de Galiéric pour moi.

HELENA. Qu'est-ce qu'il représente ?

MICHAEL. Contrairement à toi, moi je trouve sa peinture pleine d'espoir. Ça n'a vraiment rien d'inquiétant.

HELENA. Ce qui m'inquiète en premier lieu, c'est de voir où ça vous a menés. Et puis, un peintre qui ne peint plus ça n'a rien de réjouissant. Qui plus est s'il se laisse dépérir en silence !

MICHAEL. Galiéric est resté vivant, c'est l'essentiel. Tout reste encore possible.

HELENA. Mais enfin Michael, il ne suffit pas de rester vivant !

MICHAEL. C'est un but tout à fait honorable en temps de guerre.

HELENA. Mon jeune frère a marché sur une mine. Il est resté vivant, mais il a perdu sa main gauche dans l'explosion...

MICHAEL. Tu aurais préféré qu'il ne s'en sorte pas ?

HELENA. *(avec hargne)* Il était violoniste avant la guerre ! C'était ça l'essentiel, pour lui !

MICHAEL. Yanek est encore jeune. Lui aussi il faut qu'il tente autre chose, maintenant que la paix est revenue.

HELENA. Que veux-tu qu'il fasse ? Jouer de la grosse caisse !

Elle éclate en sanglots. Un temps

MICHAEL. Je suis désolé Helena. C'est une saloperie de guerre. Comme toutes les autres. *(un silence)* Il m'arrive de discuter avec les habitants, lorsque je descends au village plus bas. Plus personne n'a envie de se battre pour un lopin de terre, et encore moins pour une patrie.

HELENA. Il faut construire d'autres valeurs.

MICHAEL. Avec qui ? Quand c'est ton propre voisin qui te met le couteau sous la gorge, je me demande bien avec qui tu peux vivre...

HELENA. Ce n'est pas en te confinant ici que tu pourras faire évoluer les choses. Tu ne pourras pas fuir éternellement. Tu t'es enfermé dans un rêve. Galiéric n'a jamais été un artiste d'avant-garde. La vérité, c'est qu'il n'a plus envie de peindre du tout. Mais ça, tu ne veux pas l'admettre, parce que ça t'arrange !

MICHAEL. Détrompe-toi. Se remettre à peindre, c'est sa dernière motivation pour rester en vie. Il est loin d'avoir perdu toutes ses capacités créatives. Le problème c'est que va-t-il peindre *maintenant* ? Il ne peut décemment pas se remettre à peindre bêtement des ciels... même si la paix est revenue.

HELENA. Comment peux-tu en être aussi convaincu ?

MICHAEL. Parce pour lui, l'art est enfin devenu une aventure en terre inconnue, que seuls peuvent explorer ceux qui acceptent les risques. C'est une conception tout à fait nouvelle pour un artiste comme lui. Il ne pourra plus jamais revenir en arrière.

HELENA. Tu n'aurais peut-être pas dû le laisser brûler ses toiles. C'était une peinture dans laquelle il se sentait bien. C'est à ce moment-là que tu aurais pu l'aider.

MICHAEL. L'aider à quoi ? À continuer à faire ses petits gâteaux dans ses petits moules ? Toujours les mêmes ! Il a changé. Sa peinture aussi.

HELENA. Tu ne vois plus la réalité telle qu'elle est.

MICHAEL. Et tout ça ? C'est quoi ? L'illusion d'une illusion ?

HELENA. Je ne sais plus ce que je dois

penser. Mais une chose est sûre : tu es resté trop longtemps ici. Tu n'as plus aucune notion de ce qui t'entoure. Il va bien falloir affronter le monde extérieur maintenant, que tu le veuilles ou non. Même si ce n'est pas encore très beau à voir.

MICHAEL. J'aimerais bien que tu me dises clairement pourquoi tu t'obstines à vouloir me faire rejoindre un camp qui n'est plus le mien depuis longtemps. Ou qui ne l'a jamais été.

HELENA. Parce qu'il n'y a pas que la peinture qui compte pour moi ! *(silence)* Tu es en train de foutre ta vie en l'air en restant ici. Tu aurais mieux fait de rester à l'étranger après tes études, au lieu de t'obstiner à vouloir faire admettre des conceptions qui n'ont aucun fondement pour des artistes isolés de tout.

MICHAEL. Pendant toutes les années où j'ai enseigné, j'ai eu la faiblesse de croire que je pourrais faire évoluer les choses. Mes étudiants m'ont toujours encouragé dans ce sens-là.

HELENA. Mais maintenant, tu n'as plus rien à voir avec le brillant théoricien que j'ai connu autrefois. Regarde-toi. Vous finirez par sombrer dans la folie tous les deux, loin de tout. Je me demande bien pourquoi je suis venue jusqu'ici. J'ai l'impression que je perds mon temps.

MICHAEL. Ta présence ici était inespérée.

HELENA. Eh bien, je n'ai pas l'intention de rester.

MICHAEL. Tu as tort. Tu pourrais peut-être réussir à faire sortir Galiéric de son isolement...

HELENA. Je ne vois pas comment.

MICHAEL. Il pense qu'il pourrait revenir à quelque chose de plus figuratif, dans un premier temps...

HELENA. C'est lui qui t'a dit ça ? Ou c'est toi qui le manipules ?

MICHAEL. Je ne vois pas l'intérêt que j'aurais à le manipuler dans ce sens-là. Parce que depuis quelque temps, il s'est remis dans la tête qu'il lui fallait un modèle...

HELENA. Un modèle ?

MICHAEL. Laisse-moi d'abord t'expliquer.

HELENA. J'ai très bien compris. Tu n'as qu'à poser pour lui, toi !

MICHAEL. Malheureusement, je ne peux pas faire ça.

HELENA. Ça te fait peur ? Tu es effrayé par l'image qu'il pourrait donner de toi, maintenant ? Un ensemble de courbes et de lignes, mélangées à de la sciure...

MICHAEL. Il veut une jeune femme. Il veut peindre un nu, tout simplement.

HELENA. Un nu ?

MICHAEL. Évidemment, ce n'est pas un événement, c'est une simple toile. Un *tableau*, si tu préfères. Une façon de réapprendre à voir, de refaire quelques gammes. Galiéric en a peint des centaines dans sa jeunesse. Je n'ai aucune envie de l'encourager dans cette voie. Mais contrairement à ce que tu insinues, c'est toujours lui qui décide.

HELENA. Je ne vois pas ce qu'il y a de négatif à vouloir peindre un nu. Ça pourrait peut-être l'aider à retrouver en une seule toile toute l'humanité qui fait défaut dans sa peinture...

MICHAEL. Eh bien, c'est exactement ce qu'il m'a dit. Cette jeune femme en serait le symbole. Celui de la fécondité et de la vie qui reprend ses droits.

HELENA. C'est tout à fait normal de la part d'un homme qui a perdu toutes ses illusions sur le genre humain. Je ne vois pas où est le problème.

MICHAEL. Alors dans ce cas, tu es le modèle rêvé.

HELENA. Je ne suis pas venue ici pour ça.

MICHAEL. Je croyais que tu voulais l'aider.

HELENA. Je ne suis pas certaine d'avoir encore suffisamment d'humanité en moi pour que Galiéric puisse atteindre son but.

MICHAEL. Tu as toujours eu le genre de beauté qui mettrait tous les hommes à genoux...

HELENA. Arrête, s'il te plait. Tu as trop forcé sur le vin.

MICHAEL. Ce qui est quand même positif dans cette nouvelle expérience, c'est qu'il ne veut plus *représenter* ses émotions ou ses sensations, comme il l'a fait à ses débuts. Il veut les *jouer* sur la toile. Il ne veut plus peindre *face* à la nature, mais du *fond* de la nature.

HELENA. *(sèche)* Écoute, je n'ai jamais rien compris à ce genre de discours ! Et puis je n'ai jamais posé pour un peintre !

MICHAEL. Fais-le pour lui. Juste pour lui. Galiéric a assez souffert, non ?

HELENA. Nous avons tous souffert. Et moi aussi, j'ai eu droit à ma ration comme tout le monde.

Elle s'assoit au centre, entre les esquisses, et coupe court à leur conversation. Michael observe sa silhouette de loin, en marchant lentement en cercle tout autour de l'espace et en faisant des pauses par moments .

MICHAEL. Regarde ton visage Helena... La lumière y pose ses reflets délicatement, avec tant de grâce... Regarde comme la ligne du nez rejoint celle du sourcil, pour aller mourir dans l'ombre du front, d'une mort naturelle, élégante, tranchante et douce à la fois... Vu sous cet angle, tu as tout d'un ange. Un ange démoniaque... Tu es le modèle rêvé pour Galiéric. On nage en plein 19e siècle, mais peu importe, quand je te regarde, je me dis que tout compte fait cette œuvre pourrait être très aboutie, dans un certain sens...

HELENA. Comment peux-tu être aussi cynique et désabusé ?

MICHAEL. C'est peut-être tout ce qui me reste, à la fin de ce 20e siècle décadent.

HELENA. Tu essayes de me piéger...

MICHAEL. Je te connais trop bien. Sous ton apparence trompeuse, tu ne t'es jamais laissé piéger. Par personne. Tu pourrais lui redonner des ailes, qui sait...

HELENA. Je croyais qu'il ne pourrait plus jamais revenir en arrière.

MICHAEL. Ce ne sera peut-être pas un retour en arrière. Ce sera peut-être un nouveau départ.

HELENA. Je suppose que tu ne lui laisseras pas le choix...

MICHAEL. Tu sais, je pourrais le ramener tout de suite en ville, sans peine. Je ne pense pas qu'il me résisterait. Ce serait bien pire. Il ne dirait pas un mot. Il s'enfermerait juste un peu plus en lui-même. Et moi, je ne pourrais jamais plus me regarder en face. On aurait tout à perdre en agissant ainsi.

HELENA. Je ne sais pas si je peux faire ça.

MICHAEL. *(expéditif)* Alors dans ce cas, repars d'où tu viens, Helena ! Tu n'as plus rien à faire ici. Je ne sais pas combien de temps ça durera, mais nous sommes enfin libres de peindre comme nous en avions envie. Je finirai bien par lui trouver un autre modèle. Je me débrouillerai. Peut-être au village, plus bas... Les gens sont restés vivants, malgré tout.

HELENA. Ne sois pas aussi intransigeant ! Tu deviens grotesque ! Tu ne trouveras personne. C'est complètement ridicule.

MICHAEL. C'est pourquoi ta présence ici est réellement une aubaine, Helena. Je l'ai compris dès la première minute où tu as pénétré dans cette maison. Quand je t'ai découverte dans la lumière de ma bougie, avec ton air perdu et tes cheveux mouillés, l'idée m'est apparue comme une évidence. Comme une providence ! Je l'ai ressenti comme un flash, en pleine figure.

HELENA. Ce n'est pas l'impression que j'ai eue. Tu étais glacial, comme tu l'as toujours été finalement...

MICHAEL. Mets-toi à ma place. J'étais à la fois tellement choqué et surpris de te revoir... Et en même temps, je ne pouvais m'empêcher de penser au « tableau » de Galiéric. C'est dur de ressentir une telle confusion...

Michael et Helena sortent de l'espace et vont s'assoir par terre, dos au mur, à vue dans les coulisses.

C'est un moment qui peut durer et qui permet au peintre-danseur d'avoir une action sur la toile avant que les deux protagonistes ne reviennent.

Lorsque le peintre-danseur a terminé son action, il revient se placer comme au début, à l'extérieur de la toile, accroupi, et observe la suite

Deuxième journée

Helena revient au bord de la grande toile. Elle s'allonge et roule lentement sur la toile jusqu'à atteindre l'autre bord, face au public. Michael arrive à son tour et s'allonge lui aussi au centre, à l'opposé, sur le bord lointain. Ils sont immobiles. Un temps.

MICHAEL. *(allongé)* Je ne sais pas si tu as remarqué, mais il ne pleut pas aujourd'hui...

Helena parle avec nervosité

HELENA. *(allongée)* Tu t'intéresses à ce qui se passe à l'extérieur maintenant ?

MICHAEL. Tu ne quittes pas ton imperméable...

HELENA. J'ai froid.

MICHAEL. Tu veux mon manteau ?

HELENA. Non.

MICHAEL. Si tu as besoin d'eau, c'est là...

HELENA. Ça m'est égal.

MICHAEL. Pourquoi es-tu si nerveuse ?

HELENA. Ça n'a pas marché avec Galiéric.

MICHAEL. Que s'est-il passé, tu es toute pâle ?

HELENA. Il n'a pas voulu me voir.

MICHAEL. Qu'est-ce que tu dis ?

HELENA. Il ne veut pas me voir. Nous sommes restés dans l'obscurité complète. Il m'a demandé de me déshabiller dans le noir, puis de faire quelques pas. Il est resté silencieux dans l'ombre. Ensuite, je l'ai entendu partir. Comme il ne revenait pas, je me suis rhabillée.

MICHAEL. Et tu n'as rien dit ?

HELENA. Même si j'avais voulu, je n'aurais pas pu, j'en ai encore froid dans le dos !

MICHAEL. Je ne m'attendais pas à ça...

HELENA. Moi non plus !

MICHAEL. Mais c'est plutôt bon signe...

À partir de là, tous les mouvements peu-

vent se faire au sol, avec des glissés, des tours, de sorte que la matière évolue à travers leurs traces.

HELENA. Michael... Il semblait effrayé ! Comme si cette peinture risquait de donner un visage à sa peur...

MICHAEL. Il doit d'abord tenter de retrouver une sensation s'il veut créer quelque chose. Il n'est pas encore prêt...

HELENA. Écoute, je veux bien poser pour lui, mais à condition que cela se passe normalement.

MICHAEL. Normalement... C'est un mot qui ne veut plus dire grand-chose dans ce pays.

HELENA. Il finira par se crever les yeux un de ces jours !

MICHAEL. Helena... la finalité de l'art n'est pas le plaisir esthétique. Une œuvre peut mettre autre chose en jeu que le simple plaisir de l'œil.

HELENA. À quoi sert-il d'avoir un modèle, si ce n'est pas pour le regarder ?

MICHAEL. C'est une présence nécessaire.

HELENA. Pour faire quoi ?

MICHAEL. Être à mi-chemin entre le monde perçu et celui des croyances ; entre le possible et le désirable. Peut-être n'avait-il pas besoin de modèle pour le regarder *normalement* ?

HELENA. Il est malade. Il ne pourra plus jamais rien peindre dans ces conditions.

MICHAEL. À ce qu'il paraît, seuls les hommes malades peuvent être artistes. Il n'y a peut-être pas de quoi se tourmenter.

HELENA. Il ne peut pas y avoir que la souffrance qui pousse les hommes à faire des choses qui redonnent un sens à leur vie et à ce monde !

MICHAEL. Comment voudrais-tu qu'il en soit autrement pour un homme sensible, égaré au cœur d'une vie civilisée pleine de mensonges ? La souffrance finit forcément par devenir son lot quotidien.

HELENA. Je pensais que tout redeviendrait simple. Or c'est exactement l'inverse. Les choses ne font qu'empirer.

MICHAEL. Galiéric a perdu tous ses repères, en retrouvant la vue.

HELENA. C'est l'inverse qui aurait dû se produire.

Michael se lève d'un bon.

MICHAEL. Tu t'attendais à quoi ? À quelque chose de ludique ?

HELENA. Je ne vais quand même pas poser nue dans le noir...

MICHAEL. Et pourquoi pas ? En quoi cela salirait-il ton joli petit corps ? La nudité et l'obscurité font très bon ménage, depuis la nuit des temps.

Helena se lève à son tour, vive.

HELENA. Oui, pour ceux qui préfèrent rester aveugles !

MICHAEL. Tu dramatises toujours. On est dans le domaine du fantasme, mais ça reste de la peinture.

HELENA. De quel fantasme parles-tu ?

MICHAEL. Être libre de peindre non pas

ce que l'on voit, mais ce qu'on l'on sait être là. Être libre de peindre en se nourrissant d'éléments contradictoires. Être libre de créer de façon mystérieuse...

HELENA. Comment peux-tu parler de liberté, alors que tu ne tiens pas compte de tout ce qui la menace ! Vous n'êtes pas plus libres ici qu'ailleurs. On ne peut jamais se libérer totalement de ce qui nous entoure. Je ne vois pas en quoi ce refus et cette peur de voir les choses devraient être célébrés comme une liberté ! C'est de ce genre de perte que nous souffrons tous. C'est cette souffrance qui a atteint le cœur des gens dans ce pays. Tout le monde rêve, et rien n'existe ! Voilà où nous en sommes ! C'est l'abstraction totale !

MICHAEL. Si Galiéric a pu trouver un chemin au sein de la confusion bruyante qui a abruti le pays, il pourrait aussi en trouver un au cœur de ce délicieux stratagème.

HELENA. Eh bien, il n'a qu'à fantasmer tout seul, puisqu'il ne travaille plus qu'avec des espaces virtuels et inaccessibles !

MICHAEL. Avant sa période noire, toute la peinture de Galiéric a été asservie par l'image de la nature et modelée par le système officiel. Peut-être attend-elle maintenant sa libération, pour parler enfin sa propre langue, et ne plus dépendre de la raison, de l'observation ou de la logique. Tout peut être peint à partir des sens, découler des masses picturales. C'est un combat de longue haleine, avec son lot de frustrations et de déceptions. Mais Galiéric ose peut-être enfin s'attaquer à cette complexité.

HELENA. Jusqu'à ce qu'il y brûle sa dernière flamme...

Michael se laisse tomber sur sa chaise et finit son verre de vin

MICHAEL. Ah... La complexité aveuglante... L'œil combat désespérément, mais les paupières se ferment face à la complexité aveuglante, et l'horizon prometteur disparaît. L'horizon disparaît toujours face à la complexité. Et après vient la fatigue... Tout un processus...

HELENA. Tu devrais arrêter de boire.

MICHAEL. Un seul regard sur toi, et

Galiéric pourrait être catapulté sur une trajectoire insoupçonnée... Malheureusement, ce regard pourrait aussi l'anéantir complètement.

HELENA. Joli tableau. Toi tu t'enivres, et lui, il souffre en silence au cœur d'une nuit sans espoir...

MICHAEL. Son attitude prouve au moins une chose : je m'étais complètement trompé sur ce « tableau ».

HELENA. Pour une fois, nous sommes d'accord.

MICHAEL. Helena... ce que je veux dire... c'est que finalement cette toile pourrait bien devenir la manifestation d'une force vitale surgie de l'obscurité et attrapée par l'imagination. Et hop !

HELENA. Eh bien, moi je trouve ça malsain ! Quand un peintre se retrouve en face de son modèle, il se met devant sa toile et il peint ! Il ne reste pas tapi dans l'ombre en laissant son modèle se balader nu dans le noir !

MICHAEL. Tu es vexée ? Parce qu'il ne t'a pas regardée ?

Helena se met debout sur l'autre chaise, et regarde la toile avec colère

HELENA. Je ne comprends pas ! Je ne comprends pas ce que vous faites !

MICHAEL. *(il s'avance vers elle)* Dans chaque forme, il y a deux couleurs : l'une à l'extérieur, l'autre à l'intérieur. *(il colle sa tête contre son ventre et l'enlace)* Imagine que tu sois comme un œuf. Un œuf magnifique, sublime, lisse et chaud. Comment pourrait-on voir le jaune sans casser la coquille ? Pour que Galiéric puisse se remettre à peindre, il faut qu'il lui manque quelque chose. Il faut qu'il ressente ce manque. *(en s'éloignant)* Il faudrait qu'un jour quelqu'un comme toi écrive vite un livre sur le pouvoir et l'avantage du manque. C'est de ça que parlent principalement les dernières tentatives de Galiéric. C'est une notion tout à fait érotique.

Helena descend de sa chaise

HELENA. Pourquoi ne pas me peindre en regardant par le trou de la serrure pendant qu'on y est !

MICHAEL. Modigliani l'a déjà fait !

HELENA. Modigliani n'a jamais fait ça !

MICHAEL. Mais c'est l'impression que donnait sa peinture. La sensualité de ses nus a fait un tel scandale que les petits-bourgeois de l'époque en ont fait saisir une partie pour « attentat à la pudeur ». C'était sa première exposition, le pauvre, et il n'avait que 23 ans. Trois ans après il est mort. Aujourd'hui, tout le monde regarde ça « normalement ».

HELENA. Tu sais très bien que les gens n'étaient pas prêts à l'époque.

MICHAEL. Mais les gens ne sont jamais prêts ! Dès qu'on sort des sentiers battus, ça pose toujours un problème. Egon Schiele s'est fait foutre en tôle pour pornographie, alors que la qualité artistique exceptionnelle de ses toiles les lavait de tout péché. Mais à l'époque, on ne devait pas peindre de jeunes adolescences qui retroussent leurs jupes ! Aujourd'hui, il y en a plein les magazines. Alors que doit-on peindre si on se préoccupe de ceux qui regardent ? La réalité toute crue ? Copier bêtement la nature ? Ou s'épanouir dans l'abstraction la plus imprévisible ? Apparemment, dans tous les cas, on commence toujours par se faire maudire...

HELENA. Je ne suis pas en train de vous maudire. J'essaye juste de comprendre ce qui se passe ici.

MICHAEL. Et si Galiéric avait besoin d'une idée nouvelle ? Entièrement nouvelle ? Peut-être ne sait-il même pas encore laquelle ? Cette absence d'idée fait peut-être place à une idée de l'absence. Voilà ce qui pourrait lui servir de modèle. Non pour refaire, mais pour rechercher, et pour ne rien reproduire, et tout recommencer. Sa peinture ne sera rien si elle n'exprime pas le principe de cette nécessité intérieure.

HELENA. Alors c'est un combat de l'ombre et de la lumière ? Qui pourrait faire du visible et de l'invisible un seul tout ?

MICHAEL. Ça se pourrait bien...

HELENA. C'est un joli rêve, Michael.

MICHAEL. Certains artistes ont mis du bruit dans les quatuors, d'autres du sable dans des tableaux, ils ont même remis des pierres dans des sculptures... Et puis ils ont signé ces œuvres. Ils ont simplement signé les choses. En vertu de quoi Galiéric ne devrait-il pas lui aussi goûter et signer ces instants insaisissables par lesquels il passe ? Même si pour l'instant ils sont encore impalpables et invisibles à nos yeux...

HELENA. Je n'ai rien d'impalpable, moi, ni d'invisible. Je pense que tu t'en étais déjà rendu compte...

MICHAEL. Les plus grands peintres ont toujours eu un rapport privilégié avec leur modèle, et ce quel que soit le type de peinture à laquelle ils s'attaquaient.

HELENA. Mais eux, ils ont su créer les conditions de ce privilège. Et pour certains, leur peinture n'en était que plus éclatante.

MICHAEL. Peut-être. Mais à l'époque où ce type de production trouvait son intérêt, on ne s'appliquait qu'à reproduire, même à travers une vision toute personnelle. Les choses sont différentes aujourd'hui.

HELENA. En quoi est-ce si différent ?

MICHAEL. Eh bien, pour ce qui est de la technique du pinceau, Galiéric n'a plus à faire ses preuves, depuis longtemps. Il est au premier rang des artisans d'art, il peut rivaliser avec les plus hautes écoles, les plus grandes notoriétés. Malheureusement, il n'a jamais créé quoi que ce soit. Il est grand temps pour lui de se lancer enfin dans l'aventure. Aristote avait raison : l'art est la joie des hommes libres.

HELENA. Pourquoi est-ce qu'il faut toujours que tu parles comme un prof de Fac ! Je ne suis pas une de tes élèves ! J'ai peut-être toujours eu une approche assez naïve de la peinture, mais je n'ai pas besoin d'être une spécialiste pour voir que là, ça devient vraiment n'importe quoi !

MICHAEL. Pourquoi ? Parce que ça ne trouve plus de sens à « tes yeux » ?

HELENA. Il n'a qu'à peindre un grand panneau noir, uniforme, avec marqué dessus « Helena, Reine de la Nuit ! » Et en écrivant ça de façon floue et presque illisible, comme ça ce sera clair !

MICHAEL. Dans l'état dans lequel il se trouve, cela pourrait bien nous démontrer que l'humour est une chose grave...

HELENA. Et que pourrait-on voir d'autre dans ce genre de délire facile ?

MICHAEL. Qu'un homme pauvre, issu d'un pays pauvre, n'a pas le souci de divertir à chaque instant.

HELENA. Arrête !

MICHAEL. Malevitch ! Malevitch, qui avait eu aussi sa période noire, avait d'abord peint un grand carré noir sur fond blanc. Et pour arriver à la sensation pure, il a fini par peindre un grand carré blanc sur fond blanc. Et pourtant c'était à la même époque que Modigliani... D'ailleurs, Malevitch a aussi été en taule !

HELENA. Ce type de peinture n'a jamais eu de sens pour moi. J'ai toujours eu du mal à y ressentir quelque chose.

MICHAEL. Il faut la replacer dans son contexte. Et puis, la peinture doit d'abord avoir un sens pour celui qui la crée.

HELENA. Encore faudrait-il que le peintre commence quelque chose, quelque chose qui vaille la peine d'être vécu.

MICHAEL. Je trouve que toute la réalité de ce qui se passe ici vaut la peine d'être vécue.

HELENA. Je ne suis plus qu'une ombre parmi les ombres... Galiéric n'accorde plus de crédit à ce qu'il voit... il ne crée plus que dans son imagination, et lorsqu'il peint c'est pour faire des taches et des gribouillis... Quelle superbe réalité !

MICHAEL. Tu préférerais qu'il peigne des maisons éventrées, des ruines, des arbres déchiquetés, et des champs de cadavres ? Qu'il peigne toute l'horreur que ce pays a vécue ?

HELENA. Je n'ai jamais dit ça.

MICHAEL. Alors qu'il peinturlure une bande de bourgeois en train de faire la noce, entourés de beaux et jeunes guerriers culs-de-jatte s'appuyant sur leurs béquilles !

HELENA. Arrête...

MICHAEL. Bon. Alors, disons un plateau de fruits ! Ou un bouquet de fleurs ! Un joli bouquet de fleurs ! Une danseuse ! Des enfants roses et grassouillets battant des ailes au milieu des nuages !

HELENA. Comment peux-tu avoir changé à ce point ?

MICHAEL. Je sais Helena, tu es quelqu'un de remarquable, dans cette situation d'autres seraient partis depuis longtemps, mais toi, tu restes, tu t'obstines. Je me demande bien quelle force te pousse. Je croyais que tu n'avais plus d'humanité en toi, enfin, c'est toi qui as dit ça...

HELENA. Quand je suis arrivée ici... je n'avais pas encore réalisé dans quel monde je mettais les pieds...

MICHAEL. Tu n'es pas obligée de rester. Tu peux rejoindre le monde *civilisé*.

HELENA. Tu me fais mal Michael. Le pays est vide. La ville est vide. Tous ceux que j'aimais sont partis avant la guerre ou ils sont morts. Les autres sont dispersés dans les campagnes et tout le monde fait comme s'ils n'existaient pas. La plupart des gens ne parlent que de partir. Mais nous vivons en enfer. Prisonniers d'un pays fou. Et toi, tu t'obstines à faire comme si rien ne s'était jamais passé...

MICHAEL. Et que comptes-tu faire de cette colère qui est au fond de toi et qui ne demande qu'à sortir ?

HELENA. Je ne sais pas. Je ne sais pas encore.

MICHAEL. Comment peux-tu avoir encore de l'espoir, alors que la répression demeure à tous les niveaux et que le monde entier nous montre du doigt ?

HELENA. Je ne sais pas.

MICHAEL. Toi aussi, tu t'es enfermée dans un rêve. Je me demande bien lequel d'ailleurs ?

HELENA. *(avec intériorité)* Oh, mon rêve à moi, il n'est plus aussi complexe, et il n'a rien de métaphysique. Je voudrais simplement vivre décemment, dans un pays libre et en paix. Juste le minimum pour rester humaine.

MICHAEL. Et pour y faire quoi ?

HELENA. *(avec colère)* Je ne sais pas ! *(plus calme)* J'ai toujours aimé écrire.

MICHAEL. Tu veux parler de tes poésies... Celles que tu composais lorsque tu travaillais à la bibliothèque facultaire...

Le don de l'invisible

HELENA. Oui. Mais je sais très bien ce que tu as toujours pensé de ce genre de littérature.

MICHAEL. Je n'ai jamais rien pensé de spécial à ce propos.

HELENA. C'est bien ce que je voulais dire. Il n'empêche que moi, je pourrais me contenter d'écrire de petits livres de poèmes. Tu sais, ceux qu'on peut glisser dans la poche, pas trop grands, avec une simple petite gravure très figurative, et que les gens emporteraient partout avec eux. Même si ça te parait complètement idiot.

MICHAEL. Eh bien fais-le, Helena ! Ce qui serait idiot, ce serait de ne pas le faire. Cette planète est capable d'accepter tous les mots, toutes les significations. Quelle est la différence entre une page écrite et un tableau ou une sculpture ? Toutes les formes se touchent. Finalement, il n'y a qu'une chose qui soit sûre, à propos de l'art.

HELENA. Laquelle ?

MICHAEL. C'est qu'il se situe hors des préjugés. D'abord, il te rend aveugle, et puis il te rend la vue.

HELENA. C'est un perpétuel jeu de forces...

MICHAEL. Un combat à mener ! *(il s'approche d'elle)*, Mais peut-être faut-il savoir modifier le jeu, afin que le jeu te modifie à son tour. J'ai toujours pensé que ce n'était que comme ça qu'on pouvait goûter aux plaisirs et aux délices de toutes sortes. C'est une chose fragile, comme l'amour. Elle ne demande ni passé, ni futur. Elle demande un présent. Un présent... c'est aussi une manière et une possibilité de vivre, et d'être libre.

HELENA. À condition que je veuille bien poursuivre l'expérience...

MICHAEL. C'est certainement le seul champ de bataille qui reste à déterminer, ici.

HELENA. Je me demande bien à quoi on pourrait arriver, dans ces conditions...

MICHAEL. Je ne peux pas te le dire. En tout cas, je me réjouis de constater que Galiéric a définitivement cessé de produire des objets décoratifs.

HELENA. J'imagine que c'est une vraie

chance pour lui...

MICHAEL. Non, pour toi ! Tu mérites quand même mieux que d'être reléguée au rang des potiches, tapis, et autres objets d'art peuplant les salons de nos concitoyens !

HELENA. Ça a toujours été mon rêve : à défaut d'être une muse, je vais peut-être enfin devenir une tache noire sur fond noir...

MICHAEL. C'est un point de vue. Mais sur le fond, et artistiquement parlant, il reste tout de même discutable.

HELENA. Et que fais-tu de l'esthétique des objets et des corps ?

Il la déshabille ouvertement du regard

MICHAEL. Il me suffit de les contempler en tant que tels. Et je ne vois pas l'intérêt qu'on pourrait avoir à les reproduire. Ils sont uniques. Et ils doivent le rester.

HELENA. Michael... J'ai toujours eu l'impression que nous étions des clowns et que notre vie pourrait se dérouler comme une tragédie de clowns. Maintenant, j'en ai la certitude.

MICHAEL. Dans ce pays, la vie n'est plus qu'une supposition, tu le sais très bien. Aussi Galiéric se trouve-t-il devant un choix déterminant. Et une fois de plus, il va devoir renier toutes les toiles qu'il a faites avant. Sinon à quoi bon ?

HELENA. Pourquoi tout renier à chaque fois ?

MICHAEL. Dire que toutes ces œuvres sont aussi significatives les unes que les autres, ce serait les condamner toutes à la même insignifiance. Le meilleur reste à venir. En tout cas moi, je l'espère... *(il va vers le centre avec sa chaise)* Gerhard Richter dit que « l'art est la plus haute forme de l'espoir. Ainsi les meilleures peintures sont celles qui décrivent dans une parabole cette réalité insaisissable de la manière la plus belle, la plus intelligente, la plus démente et la plus extrême, la plus claire et la plus incompréhensible ». Tu sais pourquoi je soutiens Galiéric ? C'est parce qu'il cherche enfin un accord avec l'époque dans laquelle il vit. Je l'encourage parce qu'il ne mourra pas idiot. Et je l'admire parce qu'il sait maintenant qu'il existe une autre vie, une vie plus libre, plus sauvage, plus intense. Mais pour lui, ça devient une conquête lente et progressive d'émotions bien plus profondes. Comme quoi la contrainte peut s'avérer productive...

HELENA. De même qu'une liberté illusoire pourrait se révéler dévastatrice.

MICHAEL. C'est tout le problème pour un artiste qui se voudrait l'explorateur des limites du pensable et de l'imaginable. Le plus grand obstacle, c'est lui-même. Aujourd'hui, partout on voudrait nous laisser entendre qu'on a plus droit à l'échec. Mais peut-être sa peinture ne pourra-t-elle revivre qu'entre *sa* fiction et *ta* réalité...

HELENA. Regarde autour de toi, Michael. Tout devient de plus en plus irréel. Les gens ont de moins en moins d'intérêt les uns pour les autres. Drôle de tentative pour échapper aux contraintes de l'histoire !

MICHAEL. Pas de l'histoire. Aux contraintes du goût collectif. Bon ou mauvais.

HELENA. Galiéric ne sait même plus ce

qu'il cherche en restant ici.

MICHAEL. Mais en rentrant en ville, il sait ce qu'il trouvera.

HELENA. D'ailleurs que pourrait-il bien chercher dans cet espace perdu ? À devenir le stéréotype de l'artiste héroïque et inflexible, poursuivant avec entêtement sa vision personnelle, malgré la misère, l'isolement et l'hostilité ambiante ?

MICHAEL. Il n'est pas mieux que les autres. Et il ne vient pas non plus d'une autre planète.

HELENA. Alors il ne doit pas s'imaginer être au-dessus de la mêlée.

MICHAEL. Ce n'est certainement pas ce qu'il imagine.

HELENA. Alors c'est quoi ? Ça fait deux jours que je vous vois vivre. Ouvre les yeux. Galiéric a pété les plombs !

MICHAEL. Ne me dis pas que tu ignores ce qu'il faut de créativité et d'audace pour faire un pas décisif et quitter le courant dominant dans ce pays ! Le besoin de connaître des vérités douloureuses ou des ivresses possibles... D'éprouver la vie dans toutes ses dimensions... Le besoin de s'exprimer sur tout ça... Ce sont des choses qu'il a toujours craintes par-dessus tout. Et c'est aussi ça le problème. C'est tellement plus simple de peindre des ciels. Surtout quand on a de la technique. Quant à ceux qui n'ont même pas de technique, je préfère ne pas en parler.

HELENA. Et comment crois-tu qu'il pourrait atteindre cette richesse, et qu'il pourrait ensuite faire vivre et partager son expérience, alors qu'il a rompu tout dialogue avec l'extérieur ?

MICHAEL. Question de temps. Pour l'instant, il doit d'abord chercher un sens à la matière de son vécu, aussi chaotique te semble-t-elle. Quand un artiste travaille intensément, avec un souci de s'exprimer sur des questions plus fondamentales, c'est seulement là qu'on a toutes les chances d'arriver réellement à un dialogue.

HELENA. Partout, la position des artistes est en train de devenir plus confuse, plus vulnérable et plus précaire. Alors quel dialogue pourriez-vous encore espérer ?

MICHAEL. Tu m'as toujours dit que l'art impliquait la diversité.

HELENA. Oui. Comme la démocratie !

MICHAEL. Eh bien, cette recherche fait partie des composantes essentielles pour qu'une démocratie soit saine. Voilà !

HELENA. À condition que cette démocratie ait ses chances d'exister un jour...

MICHAEL. Chacun son combat.

HELENA. Il ne s'agit plus d'un combat personnel !

MICHAEL. Il s'agit toujours d'un combat personnel ! On ne peut pas être sur tous les fronts à la fois ! Et l'on ne peut pas non plus porter le pays entier sur nos épaules !

HELENA. Mais nous n'avons pas le choix !

MICHAEL. Si, justement !

Michael s'est assis sur sa chaise, de profil. Le peintre-danseur vient derrière lui et le fait basculer doucement en arrière, avec sa chaise, puis le tourne sur le côté face public, un peu en chien de fusil. Il enlève ensuite la chaise et se dirige vers Helena qui est resté inerte, debout. Par un mouvement très dansé et très lent, il l'articule, la manipule et la dépose au sol, en position allongée, face au public. Puis il regagne sa place, accroupi à l'extérieur de la toile. Un long silence. Ils recommencent à dialoguer, lentement, avec émotion, calmement

HELENA. *(allongée)* Alors c'est une véritable passion que vous vivez tous les deux...

MICHAEL. *(en chien de fusil)* Pour l'instant, si on se place sur le plan strictement pictural, ça pourrait être une assez bonne définition.

HELENA. C'est ce qui fait toute la différence.

MICHAEL. Quelle différence ?

HELENA. Eh bien... Ce genre de sentiment tu ne l'auras même pas effleuré avec moi, malheureusement.

MICHAEL. Je n'ai jamais su comment faire pour ne pas casser la coquille.

HELENA. Il te suffisait peut-être d'ouvrir les yeux, au lieu de te fermer comme une huître.

MICHAEL. J'ai toujours eu du mal avec toi. Dès que je te regardais, j'avais l'impression que toutes mes facultés intellectuelles étaient annihilées. C'est peut-être à cause de ça que je t'ai laissée tomber finalement. C'était idiot de ma part.

HELENA. Non, ça, c'est la chose la plus intelligente que tu aies faite, apparemment.

MICHAEL. Pourquoi me dis-tu ça maintenant ?

HELENA. Parce que je n'étais pas à la hauteur, et que je n'ai jamais rien compris à ton *discours...*

MICHAEL. Tu sais très bien que mes réflexions sur la peinture sont aussi une possibilité d'envisager l'avenir. Parce qu'elles peuvent trouver leurs applications dans bien d'autres domaines.

HELENA. Oui, je sais... « *L'art est un miroir de ce que nous sommes et de ce que nous voulons vivre. Il montre notre aptitude à regarder le monde, à s'en défaire, ou à l'envisager autrement* »...

MICHAEL. Eh bien oui ! Moi je persiste et je signe. D'ailleurs, c'est bien pour cette raison, que je n'ai jamais compris comment tu pouvais te contenter d'admirer les ciels de Galiéric.

HELENA. Que veux-tu, nous ne sommes pas faits dans le même moule. Nous ne voyons plus la même chose. Et nous n'envisageons plus la même chose. Et pourtant, malgré tout, je persiste à penser que c'est peut-être à une femme comme moi d'aider un homme comme toi à envisager l'avenir, maintenant... Mais l'amour et l'art sont-ils dissociables ?

MICHAEL. En ce moment même, c'est l'avenir de Galiéric et de sa peinture que tu tiens peut-être entre tes mains.

HELENA. Dis tout de suite que c'est de ma faute s'il n'arrive pas à peindre. Mais enfin... une fois de plus, j'ai eu tort...

MICHAEL. Tort ?

HELENA. Oui... J'ai eu tort de croire que tu finirais par comprendre que ce n'est plus lui qui m'inquiète vraiment...

MICHAEL. Ne me laisse pas croire que c'est moi que tu es venue sauver des flammes de ce petit enfer pictural, que tu juges complètement décalé de la réalité...

HELENA. Il serait temps que tu t'en rendes compte.

MICHAEL. Après tout ce que je t'ai fait subir... Je pensais que tu m'aurais définitivement banni de ton fief...

HELENA. En temps normal, c'est ce que j'aurais fait. Malheureusement, notre pays est meurtri par l'histoire, comme beaucoup d'autres. Mais toutes ces terres abîmées, défigurées par des blessures ouvertes ont un trait commun : elles sont aujourd'hui de vastes chantiers où s'expérimente la capacité des hommes à revivre ensemble. Tu vois, Michael, toi, tu me manques. Malgré nos divergences. Et c'est ça le plus désespérant pour moi.
(un silence) Tu ne dis rien ?

MICHAEL. *(face au public)* Je ne sais pas quoi dire.

Helena se lève lentement et tout en parlant commence à se dévêtir, derrière lui, au lointain. La lumière baisse.

HELENA. Alors, tais-toi. Tout à l'heure, j'irai rejoindre Galiéric.

MICHAEL. *(toujours en chien de fusil, sans la voir)* J'étais sûr que tu en serais capable.

HELENA. Tu n'as jamais su ce dont j'étais vraiment capable. Mais en venant jusqu'ici j'aurais au moins appris quelque chose. Si l'amour et l'art sont indissociables, il n'y a que les artistes amoureux qui peuvent devenir d'emblée des maîtres. La seule chose que je ne sais pas, et que je ne saurai peut-être jamais, c'est comment faire pour que l'amour subsiste...

Le noir se fait lentement. Le peintre allume les lampes de poche au sol, revient à sa place et signe de son doigt :
« *Peut-être fin* »

Citations, inspirations, témoignages :
Alan Charlton, Lynn Chadwick, Salvatore Dali, Erik Dietman, François Dufrêne, Toshikatsu Endo, Max Ernst, Philip Guston, Arshile Gorky, Anish Kapoor, Daniel Spoerri, Simon Hantaï, Franz Kline, Clifford Still, Wassily Kandinsky, James Abbot, McNeill Whistler, William Turner, Jackson Pollock, Casimir Malvitch, Yan Pei Ming, Mark Rothko, Jules Olitsky, Amedeo Modigliani, Nicolas de Staël, Nam June Paik, Richard Tuttle, Serge Poliakoff, Gerhard Richter, Jean-Paul Riopelle, Egon Schiele, Bernard Réquichot, Keith Sonnier, Patrick Saytour, Donald Sultan, Wayne Thiebaud, Bram Van Velde, entre autres ...

Documentations, lectures
Jean Markale, René Joffroy, Jean-Louis Ferrier, Pascale Le Thorel-Daviot, Lionel Richard, Michel Cazenave, Christian Querré, Christiane Eluère, Yann Le Pichon, Madeleine Deschamps, Serge Fauchereau, Joost Smiers, Bernard Feron, Hugh Honour, John Fleming

Et aussi les fructueux échanges avec des artistes plasticiens de mon entourage, de nombreux et précieux reportages journalistiques TV, radio, ainsi que des témoignages de non-voyants...

Merci à tous. Cette pièce n'aurait jamais pu voir le jour sous cette forme sans l'appui de leurs réflexions et de leurs écrits.

Cet ouvrage est une œuvre de fiction.
Toute ressemblance avec des personnes existantes ou ayant existé ne pourrait être que fortuite ou involontaire.

du même auteur, aux éditions BOD

JOURNAL D'UN PIGEON VOYAGEUR
Clin d'œil au peintre Magritte
roman

DES VENDREDIS DANS LA TETE
roman

ET SI C'ETAIT NOUS
Petit éloge d'un tango des sens
Essai

SOUVENIRS D'UN COIN DU MONDE
Nouvelle

BID BANG !
théâtre & art plastique - volet 1

Imprimé par
Books on Demand, Norderstedt
ISBN : 9782810623310
Dépôt légal : mai 2013